Novena para encontrar a paciência e superar o nervosismo

Felipe G. Alves

Novena para encontrar a paciência e superar o nervosismo

EDITORA
VOZES

Petrópolis

2016, Editora Vozes Ltda.
Rua Frei Luís, 100
25689-900 Petrópolis, RJ
www.vozes.com.br
Brasil

5ª edição, 2015
1ª reimpressão, 2025

Todos os direitos reservados. Nenhuma parte desta obra poderá ser reproduzida ou transmitida por qualquer forma e/ou quaisquer meios (eletrônico ou mecânico, incluindo fotocópia e gravação) ou arquivada em qualquer sistema ou banco de dados sem permissão escrita da editora.

Conselho editorial	Produção editorial
Diretor Volney J. Berkenbrock	Anna Catharina Miranda Eric Parrot Jailson Scota
Editores Aline dos Santos Carneiro Edrian Josué Pasini Marilac Loraine Oleniki Welder Lancieri Marchini	Marcelo Telles Mirela de Oliveira Natália França Priscilla A.F. Alves Rafael de Oliveira Samuel Rezende Verônica M. Guedes
Conselheiros Elói Dionísio Piva Francisco Morás Teobaldo Heidemann Thiago Alexandre Hayakawa	
Secretário executivo Leonardo A.R.T. dos Santos	

Editoração: Frei Leonardo A.R.T. dos Santos
Diagramação: AG.SR Desenv. Gráfico
Capa: Omar Santos

ISBN 978-85-326-3760-4

Este livro foi composto e impresso pela Editora Vozes Ltda.

INTRODUÇÃO

Nunca como agora a PACIÊNCIA tem andado tão em baixa. Todos têm pressa e têm que correr e nem assim dão conta dos compromissos. Todos correndo, ora pisando em uns, ora empurrando outros. E você, não está também entrando nessa onda?

Sendo entrevistada a psicóloga Olga Inês Tessari, assim ela se manifestou no site ajudaemocional.tripod.com: "Hoje em dia são poucos os que não experimentam os efeitos das mudanças ocorridas no mundo. Muitos vivem angustiados por muitas coisas. [...] Apesar de a paciência e a serenidade se mostrarem importantes no desenrolar da vida dos seres humanos, algumas pitadas de inquietação, insatisfação e até da própria impaciência podem se tornar presentes na vida do ser humano. Tanto a inquietação quanto a impaciência são estados de excitação, de nervosismo, de preocupação, de ansiedade. Ou seja, no momento em que estamos impacientes, ficamos ansiosos e a ansiedade traz muita inquietude e agitação".

Para que o bom Pai ilumine sua vida, com mais paciência, é preciso saber em que consiste esta virtude.

1º) Ela é o poder de aceitar que nem tudo pode acontecer do jeito que você gostaria que acontecesse.

2º) É a força de suportar o que acontece de mal, para encontrar, no depois, alguma coisa melhor.

3º) É a capacidade de entender as diferenças das pessoas que o cercam. Nem sempre elas falam ou trabalham ou se divertem do modo que você gostaria que elas o fizessem.

4º) Mas, não se esqueça, ela é fruto do Espírito Santo, que precisa ser pedido: "O fruto do Espírito é amor, alegria, paz, **paciência**..." (Gl 5,22).

E, ao contrário, qual o fruto da impaciência? Você se estressa, à mercê de suas emoções explosivas. Então, espere o fruto ficar maduro, senão, vai comê-lo sem sabor, amargo. Para que viver curtindo nervosismo, irritação, desespero e até mesmo ira?

Pobre impaciente, nervoso, irritado, ansioso! Sabia que tudo isso pode trazer problemas respiratórios, dor de cabeça, hipertensão arterial, asma, dermatite, úlceras, bronquite e eczemas? Há gente cuja impaciência chega a desenvolver até mesmo o câncer.

Portanto, não compensa você entrar na onda da impaciência. É por isso que Jesus afirmou, em Lucas 21,19: "Pela sua perseverança salvarão suas vidas".

Uma vez que quem é impaciente vive amargurando as pessoas com quem convive, faça essa novena com fé! Ela vai lhe dar a força de ser manso e humilde de coração, como Jesus. Serão nove dias de abertura para a graça do bom Pai que quer fazer de você colaborador na construção de um reino de amor e de paz. Não faça essa novena em um só dia, lendo-a de ponta a ponta. Então, como fazê-la?

1º) Faça-a, em nove dias, meditando cada palavra de Deus, que dia a dia ela vai lhe trazer.

2º) Faça-a, orando com fé cada oração que nela encontrar. Então, os seus campos vão florir; então, de suas fontes irão brotar água fresca e cristalina, a matar a sede de amor e de ternura, de todos os que o rodeiam.

1º DIA – A PACIÊNCIA É O DOM DO AMOR EM FORMA DE PAZ E COMPREENSÃO

1. Oração inicial (veja no início da novena

2. Palavra de Deus para me trazer felicidade completa

"Se falar as línguas de homens e anjos, mas não tiver a caridade, sou como bronze que soa ou tímpano que retine. [...] E se repartir toda a minha fortuna e entregar meu corpo ao fogo, mas não tiver a caridade, nada disso me aproveita" (1Cor 13,1.3).

3. Como Santo Antônio Galvão viveu essas palavras?

No dia 11 de maio de 2007, Santo Antônio Galvão foi canonizado por Bento XVI, em São Paulo, tornando-se o primeiro Santo nascido no Brasil. Ele "é um santo muito humano, que compreendeu e viveu profundamente a penitência ensinada por São Francisco: 'ter o coração sempre voltado para o Senhor'. O que significa? 'Viver a cada momento a presença de Deus, não importando o trabalho que se esteja fazendo'. Ele se santificou na portaria do convento. [...]

Porque era um **homem de Deus**, era um religioso devotado à caridade, seja para com os pobres, que o cercavam na rua, seja para com os pecadores que vinham procurá-lo, ou com aqueles que ele buscava nas casas. Sua caridade chegava às prisões e se multiplicava no atendimento às Irmãs no Mosteiro. Mais vezes a caridade o levou a pacificar famílias, a ponto de ser chamado, ainda em vida, de 'apóstolo da paz'" (Palavras de Frei Clarêncio Neotti, em franciscanos.org.br).

Seus últimos três anos de vida foram de grande sofrimento. E, embora tantas dores, Santo Antônio Galvão permaneceu sempre sereno e alegre, aceitando tudo sem lamentos. Faleceu na manhã do dia 23 de dezembro de 1822, em São Paulo.

4. Agora, faça a sua prece!

Senhor, sossegue meu coração e o encha de amor! Como eu aspiro a tranquilidade e a paz das noites estreladas, para que ninguém vá dormir triste por causa de minhas atitudes ou palavras impacientes! Que a doçura das brisas me ensinem a fazer tudo em seu devido tempo! Que os raios me ensinem a melhorar o mundo, não só com sua força, mas, muito mais, com sua grande luz! Amém.

5. Tarefa do dia

Para firmar a esperança de que a paciência vai encher você de paz, colha um ramo verde e coloque-o em um vaso, enfeitando sua casa ou seu lugar de trabalho!

6. Oração final (veja no final da novena)

2º DIA – A PACIÊNCIA DIANTE DOS PROBLEMAS DA VIDA

1. Oração inicial (veja no início da novena)

2. Palavra de Deus para me trazer felicidade completa

"Também os exortamos, irmãos, [...] sejam pacientes com todos. Cuidem que ninguém retribua, a quem quer que seja, o mal com o mal, mas que, em todo tempo, façam bem uns aos outros e a todos" (1Ts 5,14-15).

3. Como Santa Edwiges viveu essas palavras?

"Santa Edwiges, mãe, duquesa e religiosa, protetora dos pobres e endividados, falecida em 1243, tem sua festa em 16 de outubro.

Uma virtude que nela se destacava claramente era a paciência. Nunca ninguém a viu encolerizada ou mesmo exaltada, fosse qual fosse o desapontamento a enfrentar. Tratava com maior delicadeza a todos que a procuravam, esquecendo totalmente a sua posição elevada e a sua nobreza. Não respondia asperamente a quem quer que fosse, nem mesmo àqueles que viessem a magoá-la com fatos ou palavras. Tinha, por isso, o dom de acalmar os enraivecidos. Quando as discussões entre algumas pessoas atingiam o auge, era suficiente a sua presença para transformar em serenidade os ânimos exaltados.

Recebendo grosserias, respondia apenas com estas palavras: 'Por que fez isso? Vou pedir a Deus que perdoe'" (Extraído de santaedwiges.org.br).

4. Agora, faça a sua prece!

Ó Senhor, que tinha tempo para subir as montanhas e passar longo tempo em oração! Como esse meu corre-corre me estressa, trazendo tanto cansaço e tão pouco resultado! Senhor que acalmou a tempestade, acalme a minha vida, dando-me tempo também para parar, meditar e contemplar! Como é gostoso também parar para ouvir uma melodia ou apreciar a natureza rica de belezas e de sons! Diante de alguém enraivecido, tenha eu o poder de acalmá-lo, como o Senhor que acalmou a fúria dos ventos que ameaçavam virar o seu barco! Diante das discussões e grosserias, Jesus, manso e humilde de coração, faça o meu coração semelhante ao seu! Amém.

5. Tarefa para hoje

Interrompa hoje seu trabalho ou o seu corre-corre, só para ouvir uma melodia suave, ou para apreciar uma paisagem bonita, ou pelo menos para admirar uma flor de verdade!

6. Oração final (veja no final da novena)

3º DIA – ATÉ NA PERSEGUIÇÃO, CHEIO DE PACIÊNCIA, VOU OFERECER MANSIDÃO

1. Oração inicial que se encontra no início da novena

2. Palavra de Deus para me trazer felicidade completa

"Se fordes zelosos do bem, quem vos fará mal? Mas se sofreis por causa da justiça, sois felizes. Não tenhais medo das ameaças nem vos perturbeis, mas guardai santamente nos corações Cristo Senhor. [...] É preferível, se Deus assim o quiser, sofrer fazendo o bem do que praticando o mal" (1Pd 3,13-15.17).

3. Aprendendo com Santo Antônio de Pádua a paciência em forma de amor

"Santo Antônio amou sem medida a missão que lhe fora confiada: ser entre o povo mais simples e desfavorecido, ainda que grande intelectual, o porta-voz do amor.

Sua energia humana desenvolveu-se como dom do amor [...] para despertar o amor adormecido, para dignificar pessoas com dignidade perdida, para desenvolver a fé e aumentar a esperança. [...]

Que o santo continue nos ensinando com o seu passado aquilo que precisamos realizar no presente: deixar o amor acontecer, crescer e transbordar em nós e, com certeza, a arte de amar e deixar ser amado nos projetará para um futuro melhor" (Artigo de Frei Carlos Charles, extraído de franciscodeassisrj.com.br).

4. Agora, faça a sua prece!

Senhor, como Santo Antônio é amado hoje em dia! Mas, em seus dias, como ele sofreu, como foi perseguido! Desprezado e ridicularizado pelos hereges, só porque ele acreditava na Eucaristia e a amava com todo o seu coração! Diante dos que tentam me irritar, quero, Senhor, que minha mansidão os convença de que vale a pena ser tranquilo, sem perder a firmeza das ideias. Sim, essa é a verdade: "É preferível sofrer fazendo o bem do que praticando o mal" (1Pd 3,17). Amém.

5. Tarefa do dia

Durante uns minutos, relaxe e visualize as pessoas que o atormentam. Veja essas pessoas, uma por uma, não em suas más qualidades e defeitos. Veja-as, sim, com todas as boas qualidades humanas, profissionais, familiares e espirituais, pois o bom Pai ama todos os seus filhos. Depois, glorifique o Senhor por tudo de bom que elas têm.

6. Oração final (veja no final da novena)

4º DIA – PACIÊNCIA NÃO CAI PRONTA DO CÉU; É PRECISO RECOMEÇAR SEMPRE, SEMPRE DE NOVO

 1. Oração inicial (veja no início da novena)

2. Palavra de Deus para me trazer felicidade completa

"Considerai, meus irmãos, suma alegria quando passais pelas várias provações, sabendo que a prova de vossa fé produz a paciência" (Tg 1,2-3).

3. Nervosismo do servo de Deus, Alderígi, e sua humildade em pedir perdão

O povo tinha certa dificuldade em entender o servo de Deus, Pe. Alderígi, devido a sua falta de dentes. Então, lá por 1965, ele procurou o dentista e recebeu não uma, mas as duas dentaduras. Uma só já é dose pra burro... e duas na mesma hora? O rosto do Padre incha. A dentadura o incomoda. Torna-o nervoso, irritado, chateado mesmo. Seu amigo João Lorena foi visitá-lo e assim descreve a cena: "Entro na casa paroquial. Bato à porta de seu quarto. Entro. Lá está ele rezando o breviário, com o rosto como uma bola: 'O quê! O Padre está gordinho, dentadura nova!' – 'Sai daqui! Lorena, sai daqui!' – O que tive que fazer foi voltar, sem graça. Pouco depois, Da. Zélia, sua secretária, me traz um recado que era para ir à casa paroquial. Fui, bati, entrei. Lá estava o Padre, com outra atitude, sorrindo, pegando-me pelas suas grandes mãos: 'Perdão, Lorena, perdão! Não era para fazer isso com você. Me perdoe! O padre está velho, está nervoso'. E começamos a conversa, como se nada tivesse acontecido." (Extraído do livro Alderígi – *Perfume de Deus em frasco de argila*, da Ed. Vozes).

4. Agora, faça a sua prece!

Senhor, se a paciência leva à perfeição, para onde vai me levar meu nervosismo, minha impaciência? Por que impaciência, se ela traz uma série de incômodos físicos e emocionais e até mesmo alguma enfermidade? Como sou fraco, Senhor! Tenha eu a humildade desse seu servo Alderígi! Eu confio em seu poder e em sua graça. Amém.

5. Tarefa do dia

Que tal hoje conversar com seus familiares e com as pessoas com quem você trabalha, pedindo-lhes uma avaliação sobre seu modo de os tratar? Pergunte-lhes em que eles gostariam que você se modificasse em seu agir ou em seu falar? E, já que você tem esperança de conseguir a paciência, não se esqueça de renovar o ramo verde, colhido no 1º dia.

6. Oração final (veja no final da novena)

5º DIA – SER PACIENTE É SEGUIR REALMENTE OS PASSOS DE CRISTO

1. Oração inicial (veja no início da novena)

2. Palavra de Deus para me trazer felicidade completa

"Os frutos do espírito são: caridade, alegria, paz, **paciência**, afabilidade, bondade, fidelidade, mansidão, continência" (Gl 5,22).

3. Como São Francisco se deixou levar pelo Espírito

Segundo seu biógrafo Tomás de Celano, São Francisco "tinha maneiras simples, era sereno por natureza e **de trato amável**, muito oportuno quando dava conselhos, sempre fiel a suas obrigações, prudente nos julgamentos, eficiente no trabalho e em tudo cheio de elegância. [...] Rápido para perdoar e **demorado para se irar**. [...] Era rigoroso consigo mesmo, **paciente com os outros**, discreto com todos" (Extraído do livro *Vida I de São Francisco de Assis*, escrito por Tomás de Celano, da Ed. Vozes).

4. Agora, faça a sua prece!

Senhor, quanta harmonia nesse santo que se fez irmão de todas as criaturas, tratando cada uma com cortesia; e a cada pessoa com mansidão, nobreza e cavalheirismo! É assim que eu também quero ser. Senhor, queira me educar, ensinando-me, cada dia, a aceitar a realidade, tal como ela é! Ensine-me a respeitar as diferenças das pessoas que me cercam, pois, se todos fossem iguais, o mundo não seria tão lindo e harmonioso. Senhor, lembre-me, exatamente na hora em que estou para explodir, que eu preciso respirar, profundamente, pois o ar tem o privilégio de me trazer tranquilidade! Senhor, que bom estar eu adquirindo, com a sua graça, maior serenidade, tornando-me mais compreensivo e amoroso! Amém.

5. Tarefa do dia

Treinando mais sua paciência, em forma de ternura, pratique algum bem a algum pequeno inseto, seja ele um mosquito, ou uma formiga, seja lá que inseto for. Se não encontrar nenhum, faça, então, alguém feliz, através de algum favor.

6. Oração final (veja no final da novena)

6º DIA – A PACIÊNCIA SABE SOLUCIONAR O QUE O NERVOSISMO NÃO CONSEGUE

1. Oração inicial (veja no início da novena)

2. Palavra de Deus para me trazer felicidade completa

"Sede alegres na esperança, **pacientes na tribulação** e perseverantes na oração" (Rm 12,12).

3. Como Santa Rita viveu essas palavras?

"Rita nasceu em 1381, em Cássia, Itália. Para atender aos desejos de seus pais, ela se casou. O esposo, a princípio, parecia ser bom. Mas, depois, mostrou-se de um caráter rude, tornando-se violento e agressivo. Com as orações da esposa, um dia, ele se converteu. Entretanto, suas atitudes passadas deixaram um rastro de inimizades, que culminaram com seu assassinato.

Viúva, dedicou-se então aos dois filhos ainda pequenos que, na adolescência, descobriram a verdadeira causa da morte do pai e resolveram vingá-lo. Rita tentou, em vão, impedir esse mal, falando a Deus que preferia vê-los mortos que assassinos. Assim, em menos de um ano, os dois rapazes morreram.

Rita, sozinha no mundo, decidiu tornar-se monja agostiniana. No convento, ela se entregou completamente a uma vida de orações e penitências pela salvação da humanidade.

Rita morreu em 1457, aos setenta e seis anos, em Cássia. Sua fama de santidade cresceu e muitos milagres lhe foram atribuídos" (Extraído do portal das Paulinas – www.paulinas.org.br).

4. Agora, faça a sua prece!

Senhor, se Santa Rita pôde conservar a virtude da paciência, mesmo no sofrimento, eu também o posso, confiando plenamente em seu amor. Para tanto, não me deixe agir logo após a ofensa, embora minha tendência seja reagir na hora. Não me deixe agir por impulso, baseado na emoção, pois a paciência, de mãos dadas com o tempo, tem mais poder que os gritos agressivos! Que bom saber que a paciência alcança muito mais que a força! Jesus, manso e humilde de coração, faça meu coração semelhante ao seu! Amém.

5. Tarefa do dia

Jogando fora toda a mania de perfeccionismo, que tal sair por aí elogiando as pessoas com quem convive ou com quem trabalha?

6. Oração final (veja no final da novena)

7º DIA – A PACIÊNCIA QUE MARIA PLANTA EM MEU CORAÇÃO

1. Oração inicial (veja no início da novena)

2. Palavra de Deus para me trazer felicidade completa

"Enquanto estavam em Belém, completaram-se os dias para o parto e Maria deu à luz seu filho primogênito. Ela o enfaixou e o colocou na manjedoura, pois não havia lugar para eles dentro da casa" (Lc 2,6-7).

3. Como a Santíssima Virgem vivia o dom da paciência e da ternura?

Quanta paciência na puríssima Virgem que, sem reclamações, precisou deitar o seu menino, o Príncipe da paz, num cocho cheio de feno! Mas, foi nessa fé, envolvida de ternura, paciência e mansidão, que ela ouviu o cântico dos anjos, anunciando a paz aos homens, amados de Deus. E, depois, com quanta paciência não teve que se munir em sua fuga para o Egito! Mas, ela conhecia seus valores e sabia reconhecer todas as maravilhas que Deus operava em seu ser: "Rejubila meu espírito em Deus, meu salvador, porque olhou para a humildade de sua serva. Eis que desde agora me chamarão feliz todas as gerações, porque **grandes coisas fez em mim** o Poderoso" (Lc 1,46-49). E na paixão de seu filho? Não era a mulher revestida do sol, mas revestida de dor, de amor e altíssima paciência.

4. Agora, fala a sua prece!

Santíssima Senhora, que conquistou todos os corações pelo carinho, pela fé e pela paciência. Mãe de altíssima ternura e de doçura sem igual, a Senhora sabia amar a si própria, louvando o Senhor por suas maravilhas. Faça com que eu possa descobrir, como a Senhora o fez, todos os meus dons, dados por Deus! Sei que essa descoberta irá transformar minha ansiedade e impaciência em alegria de amar e de ser amado. Amém.

5. Tarefa do dia

Acenda uma vela diante da imagem ou do quadro de Nossa Senhora e, diante da dulcíssima Mãe de Deus, reze uma Salve-Rainha! Diante dela, durante algum tempo, se alegre relembrando todas as suas boas qualidades! Feito isto, não se esqueça de apagar a vela, para evitar qualquer incêndio.

6. Oração final (veja no final da novena)

8º DIA – A PACIÊNCIA QUE BROTOU DO LADO ABERTO DE JESUS E INUNDOU O MUNDO DE ALEGRIA

1. Oração inicial (veja no início da novena)

2. Palavra de Deus para me trazer felicidade completa

[O Messias] "era desprezado, era o refugo da humanidade, homem das dores e habituado à enfermidade; era como pessoa de quem se desvia o rosto, tão desprezível que não fizemos caso dele. No entanto, foi Ele quem carregou as nossas enfermidades e tomou sobre si as nossas dores. E nós o considerávamos como alguém fulminado, castigado por Deus e humilhado. Mas Ele foi traspassado por causa das nossas rebeldias, esmagado por causa de nossos crimes; caiu sobre Ele o castigo que nos salva e suas feridas nos curaram. [...] Maltratado, Ele se humilhava e não abria a boca; como cordeiro conduzido para o matadouro; como ovelha muda diante do tosquiador, Ele não abriu a boca" (Is 53,3-5.7).

3. Como o Santíssimo Senhor Jesus Cristo viveu essas palavras?

É na figura de Jesus que a Bíblia focaliza o máximo exemplo de paciência. Na Quinta-feira Santa, vislumbrando tudo o que poderia lhe acontecer, caso caísse nas garras de seus inimigos, Ele teme, Ele treme, Ele entra em agonia, no Horto das Oliveiras. Naquele tempo, qualquer prisioneiro se desmanchava em bajulações diante de seus juízes, para agradá-los e assim se livrar das penas. Jesus, ao contrário, "como cordeiro conduzido para o matadouro, como ovelha muda diante do tosquiador, Ele não abriu a boca." No Calvário, em seu perfeito exemplo de paciência, no meio das maiores dores, Ele até reza pedindo perdão para aqueles que o matavam.

4. Com suas chagas de impaciência e de nervosismo, sentindo-se crucificado com Cristo, junto com Ele, reze esta oração

"No Senhor, meu Deus, me refugio: que eu jamais seja decepcionado! Por sua justiça, salve-me! Em suas mãos recomendo meu espírito: O Senhor, meu Deus, Deus fiel, me resgatará" (Sl 31,2-3.6). Todos os que se achegarem a mim encontrem em meus olhos o seu olhar acolhedor e, nos meus lábios, o sorriso de quem sabe esperar. Amém.

5. Tarefa do dia

Se for possível, vá a uma igreja buscar sua reconciliação com aquele que, por amor, morreu por você. (Se não puder ir à igreja, entre em seu quarto e lá entregue-se nos braços do bom Pai.)

6. Oração final (veja no final da novena)

9º DIA – O BOM PAI É O MAIS FORTE E, COM ELE, EU VENCI

1. Tarefa do dia

Hoje é dia de festa. Hoje é dia de agradecimento pela virtude da paciência que o Senhor derramou em seu coração. Para que a festa seja mais brilhante, substitua o ramo verde por uma flor!

2. Oração inicial

Em nome do Pai e do Filho e do Espírito Santo. Amém.

Bendito seja o Sagrado Coração de Jesus, paciente e de muita misericórdia, que teve piedade de mim!

Bendita seja Santa Maria, mãe de Deus e minha também, que me dá o dom de viver dia por dia, um de cada vez!

Benditos sejam São Francisco de Assis, Santo Antônio de Pádua, Santa Edwiges, Santa Rita, Santo Antônio Galvão e o servo de Deus, Padre Alderígi, que intercederam por mim! Amém.

3. Palavra de Deus para me trazer felicidade completa

"Felizes os pacíficos, porque serão chamados filhos de Deus" (Mt 5,9).

4. Como o servo de Deus, Pe. Alderígi, viveu essas palavras

Com confiança você fez essa novena, começando com o ramo verde, acreditando que tudo iria dar certo. Hoje aquela paciência que você esperava brilha em seu coração como um arco-íris.

Assim essa esperança brilhou também no coração do servo de Deus, Alderígi, que, como você, teve de lutar. Veja um simples fato: Esse santo era de um amor total às crianças e aos pobres. Seu total desapego de tudo faz lembrar o pobrezinho São Francisco de Assis. No entanto, quando celebrava suas missas, os ruídos fortes muito o incomodavam. E numa das festas de Santa Rita (era maio de 1970), em que a cidade ferve com milhares de peregrinos, sem contar os camelôs, todos gritando, aconteceu algo diferente: Um deles, enquanto o Padre pregava, começou a berrar num alto-falante, chamando a atenção para a terrível mágica de transformar sua ajudante em horroroso macaco. E os ruídos deste alto-falante invadiam o recinto do santuário superlotado. Aquilo foi enervando o nosso santo, até ao ponto de o sacerdote também explodir, dando uma ordem a um de seus amigos: – Ildeu, vá lá fora e fale com esse homem da mulher-macaco. O alto-falante está alto demais. Não. Isso não pode continuar.

Mas, suas raivas duravam só um momento. Como um relâmpago. Logo a seguir, sempre sobrevinha o autodomínio e a mansidão de um carneirinho bom. Finda a missa, o servo de Deus convidou o homem-da-mulher-que-virava-macaco e toda a sua família para comerem com ele, em sua casa. Assim, o trabalho da graça e o seu esforço constante fizeram-no superar todos esses acessos de impaciência, ao ponto de o seu arcebispo, Dom José D'Ângelo Neto, no anúncio da morte desse servo de Deus, em 1977, poder declarar: "Durante estes últimos dias, quando suas dores transpareciam nas contrações da face, dizia que não tinha dores e, sem se queixar nem uma vez sequer, rezava e nos pedia que rezássemos para que não perdesse a paz do espírito." (Extraído do livro *Alderígi – Perfume de Deus em frasco de Argila*, da Ed. Vozes)

A ressurreição de Cristo não é simplesmente um fato do passado. Ela continua influenciando também o presente e até o futuro. Foi ela que transformou o gênio desse servo de Deus e o seu também. Veja como ela aconteceu:

5. A palavra de Deus emoldura a plena felicidade

"Na tarde do mesmo dia, que era o primeiro da semana, estando trancadas as portas do lugar onde estavam os discípulos, por medo dos judeus, Jesus chegou, pôs-se no meio deles e disse: 'A PAZ esteja com vocês'. Dito isto, mostrou-lhes as mãos e o lado. Os discípulos se alegraram ao ver o Senhor. Jesus disse-lhes de novo: 'A PAZ esteja com vocês. Como o Pai me enviou, assim também eu os envio' " (Jo 20,19-21).

6. Oração de louvor

(Cheio de júbilo, contemple o fato da ressurreição de Cristo e, na maior alegria, entoe os seus louvores.)

Aleluia! Aleluia. Cristo ressuscitou e está vivo no meio de nós e trouxe vida nova ao meu coração! Aleluia! Glória ao Senhor ressuscitado, porque Ele encheu meu coração com a luz da paciência e me ensinou a aceitar a realidade, sem exigir que todos pensem e ajam como eu. Isto é ressurreição.

Que alegria descobrir que a serenidade me torna compreensivo, permitindo-me estar atento às necessidades daqueles que me cercam e necessitam de meu amor! Isto é ressurreição.

Exulta de alegria todo o meu ser, porque agora eu posso iluminar a todos os que me cercam, através de um olhar bondoso! Vou bendizer o Senhor todos os dias, porque tudo o que há de bom em mim é graça do bom Pai que ressuscitou Jesus. Amém. Aleluia!

7. No 9º dia, reconhecimento da bênção recebida

O Senhor me abençoou e me protegeu, fez resplandecer sobre mim a sua face e me deu a sua misericórdia. Voltou para mim o seu olhar e me deu a paz e muita paciência. Derramou sobre mim as suas bênçãos, para que, livre de todo o nervosismo, no céu possa me colocar entre os seus santos e santas. O Senhor esteja sempre comigo e que eu esteja sempre com Ele! Amém.

* * *

Deseja que essa alegria se estenda por toda a vida? Adquira os três livros sobre o servo de Deus Alderígi, o santo brasileiro que gostava de dar gargalhadas, de comer bem e de futebol; o santo que lutou a vida inteira para conseguir um coração de cordeiro, manso e bom; o santo que está fazendo milagres e mais milagres: 1º) *Alderígi – Gigante, com olhos de criança*; 2º) *Alderígi – Perfume de Deus em frasco de argila*; 3º) Novena *Pedi e recebereis*. – Este último livro traz nove milagres e nove escritos dele, além de muitas orações. Os três livros, de autoria de Frei Felipe Gabriel Alves, foram editados pela Ed. Vozes.